ロシアと雑貨

ラブリーをさがす55の旅

井岡美保

ＷＡＶＥ出版

はじめに

子どもの頃から旅する仕事につく方法を考えていました。旅に行くたび、帰りの飛行機の中で「次はどこに行こうか」と思いを馳せる旅好き、旅バカの私が、念願の旅行会社勤めを経て、雑貨に魅せられたのは20年近く前。友人がオープンした雑貨屋さんの買いつけにロンドンを訪れたときのこと。もともとのかわいいもの好きの性分に拍車がかかり、以来、世界中にある「かわいい雑貨をさがす」旅を続けてきました。

イギリス、フランス、ベルギー、オランダ、ドイツ、ストックホルム、コペンハーゲン、チェコ、ハンガリー、ブラジルなどなど。「次はどこに？」と思っていたところ、ロシアみやげにもらったラブリーでレトロなポストカードに目が留まり、気軽な気持ちでウラジオストクを訪れました。

ところがロシアでの雑貨ハンティングは、掘れば掘るほど「新しいかわいい」に出会ってしまう。ひと筋縄ではいかないロシアの買いもの術を攻略したいと思って通ううちに、気づけば10年近く、ロシアを訪れること20回以上に！　何度も訪れるうちに顔見知りができて、人々のおせっかいなまでの温かさや、風景のあちこちに見て取れる「かわいいもの好き精神」に深くシンパシーを感じるようになりました。

「ロシアって怖くないの？」とよく尋ねられますが、一度も怖い思いをしたことはありません。日本では、観光旅行先としてそれほど一般的でもありませんが、じつはロシアはフランス人に人気の旅先です。おしゃれ大国のフランス人が憧れる、独自の美しいもの、かわいいものに満ちたワンダーランド、それがラブリーロシアです。

ロシアの街や雑貨が底なしにラブリーであること、自然大好きで、愉快でたくましい、愛すべきロシアの人たちのことを、もっともっとたくさんの方に知っていただくためのちいさなきっかけに、この本がなれたらとてもうれしいです。

もくじ

はじめに ……… 2

I
おとぎ王国のラブリー

00 おとぎ話のある暮らし ……… 9
01 私のラブリー市場「ヴェルニサージュ」……… 11
02 ターニャの指人形 ……… 15
03 哀愁の人形 ……… 16
04 いろんな本屋について ……… 19
05 古い絵本とグラビア ……… 20
06 サーカス ……… 22
07 妖精をさがして ……… 25

II
おみやげラブリー

08 ミーシャ ……… 31
09 チェブラーシカ ……… 34
10 ハリネズミ ……… 38
11 花柄の布もの ……… 40
12 手編みの靴下 ……… 44
13 マトリョーシカ ……… 49
14 市場 ……… 50
15 アルバート通り ……… 52
16 グム百貨店 ……… 55
17 キオスク ……… 56

III
USSRなラブリー

18 ピンバッジ ……… 63
19 文具 ……… 64
20 郵便と切手 ……… 67
21 USSR美術館 ……… 68
22 大衆食堂 ……… 70
23 USSRなカフェ ……… 71
24 スターリンクラシック ……… 73
25 ダーチャ ……… 74

Ⅳ ローカルライフのラブリー

26 食卓 ……… 81
27 食器 ……… 84
28 スーパーマーケット ……… 86
29 エプロン ……… 88
30 ウクライナ料理 ……… 90
31 グルジア料理 ……… 91
32 ファーストフード ……… 93
33 チョコレート ……… 94
34 甘いもの ……… 96
35 花屋 ……… 98
36 散歩 ……… 101
37 おしゃれ ……… 102
38 ロシア語 ……… 104

Ⅴ 乗りものラブリー

39 乗りもの切手 ……… 108
40 地下鉄 ……… 111
41 列車 ……… 113
42 乗合バス ……… 114
43 遊園地とモスクワ川クルーズ ……… 116
44 宇宙グッズと宇宙スポット ……… 121

Ⅵ インペリアルなラブリー

45 乙女の「インペリアルポーセレン」……… 129
46 ちいさなお宝「インペリアルエッグ」……… 131
47 セレブリティのカフェ ……… 133
48 「赤の広場」の眺め ……… 134
49 ロシアの宝石箱「エルミタージュ美術館」……… 136
50 「クスコヴォ」でプチ宮殿体験 ……… 138

Ⅶ 聖なるラブリー

51 正教グッズ ……… 143
52 お祈りスタイル ……… 144
53 クリスマスとイースター ……… 147
54 聖地「セルギエフ・ポサード」……… 153
55 「血の上の救世主教会」……… 155

あとがき ……… 158

С Новым годом!

I

おとぎ王国のラブリー

00　おとぎ話のある暮らし

ロシアは、おとぎ話の宝庫です。誰もがよく知る「おおきなかぶ」「火の鳥」「マーシャとくま」「おだんごぱん」などなど、ロシアのお話だったの？　と知ればみんな驚きます。ロシアには、そういった古くから伝わるおとぎ話や、アンデルセンやイギリスの昔話などたくさんの絵本があります。偉大なアーティストや詩人たちの残した美しい作品も多く、子どもたちの感受性を高める手伝いをしたのではないでしょうか。

とにかくロシア人はおとぎ話ツウで、市場でも雑貨を手に取ると、「それ、スカースカ（おとぎ話）よ」と「これは○○のおとぎ話に登場するモチーフで……」と得意げに教えてくれます。

◀◀◀
上　世界的に有名な「３匹の子豚」の木製パズル。家も外れるので、吹き飛ばされちゃった感じで遊べる。 **下**　ロシア民話「おおきなかぶ」のマトリョーシカ。おじいさん、おばあさん、孫娘、イヌ、ネコ、そして、ネズミはよく見ると、おじいさんの持つかぶにつかまっている。

01　私のラブリー市場「ヴェルニサージュ」

モスクワ中心街から地下鉄で20分弱のパルチザンスカヤ駅。パルチザン（抵抗運動した兵）の大きな銅像に圧倒されつつ駅から出て、北に向かうとキラキラ光るおとぎの国のお城のような建物が見えます。それがおみやげ市場「ヴェルニサージュ」。ここで80％くらいの雑貨買いつけをすませるくらい、私にとって、宝の山スポット。入場料10ルーブル（30円くらい）を支払い、いざ市へ。

入り口からすぐにマトリョーシカやグジェリ焼などの民芸品や、チェブラーシカのぬいぐるみ、映画などでロシア人が決まってかぶっている、ほわほわの毛皮帽子などの代表的なみやげもの屋がずらり。

露店は丸太で作られていて、ログハウスっぽい。数年前に大火事があったらしく、この市の露店は建て替えられ、真新しいプチログハウス。歩いていると「キタイー、キタイー」と声をかけられます。「キタイー」とは中国人のこと。「ヤーイズイポニー」（日本から来ました）と答えると、たいがい笑顔で喜んでくれます。ロシアには中国人の観光客がたくさんいて、日本人は珍しいらしい。

どんどん奥に踏み込んでいっても、似たようなみやげもの屋が100軒以上（もっとかも）続く。店によっては、マトリョーシカなどの作家さんが、作品を自ら売っている場合もある。売れっ子になると、別の人に販売をしてもらったり、アルバート通り（P52）などのみやげもの屋に卸したりできるようになって、この場所から卒業していく。この市では、駆け出しの才能ある作家さんを発掘するのも楽しみの一つです。

さらにもっと奥に進み、階段を上がると、クラフトや絵画が並び、もっと奥にアンティーク市があります。アンティークといってもガラクタも多く、その中から目を皿のようにして宝ものさがし。

ソ連時代のポストカードや、バッジ、おもちゃや絵本などもこのコーナーで見つかります。モスクワオリンピックの大好きなマスコット、こぐまのミーシャもあります。ほとんどの人が英語を話せないので、ペン・メモ帳・電卓が必需品です。数字を書いて身振りで値段交渉、なぜか、お釣りを用意していない人が多いので、小銭を大量に持っていくことも必須です。入り口周辺の通りでは、はちみつ市などの市場が出ていることもあるし、駅の反対側には、遊園地と公園もあり、何日でも楽しめる場所です。

治安は悪くなく、たいがいのロシア人がおせっかいで優しいので、びくびくすることはありません。以前も財布がなくなったと慌てていたら、マトリョーシカを買った店で忘れていて。面識のない店だったのに、その店のおじさんが走って私をさがしてくれて、財布はそのまま戻ってきました。

Шарль Перр
КОТ В САПОГ
ЛИСА И ЗАЯЦ
Москва
«Детская литература»
1982

02　ターニャの指人形

私のお買いものスポット、ヴェルニサージュ市場（P11）に行く楽しみの一つは、ターニャから手作りの指人形を買うことでした。初老のかわいいおばあちゃん、ターニャは自分の店を持たずに、手提げの布バッグにたくさんの指人形を詰めて、立ち売りをしています。売り場が曖昧だったので、会えたらラッキーくらいの作家さんでした。いつもたくさん買うので、顔と名前は憶えてくれていて、会うと言葉がわからないながらも、かわいいもの好き同士で新作を見せてもらったりして、盛り上がっていました。

ところが、あるときからパッタリと姿を見なくなったのです。市場に行くたび、たまたま来てないんだな、と思っていましたが、５度目くらいに行ったときは、何かあったのではと心配になり、以前に聞いていた住所に思いきってロシア語で手紙を書いてみました。〈いついつに行くから、元気だったらいつもの場所で立っていてほしい〉ということを綴って。

手紙を出したあとも、市場に彼女の姿はありませんでした。やっぱり何かあったんだと、がっくりして市場を出かかると、「イ・オ・カ・ミ・ホ」と入り口の切符切りの女性が発したのです。「今、イオカミホって聞こえた！」と同行の友人に言われてビックリ。その切符切りの女性が私に渡してくれたメモには、電話番号とロシア語の名前がありました。ドキドキしながら電話をすると、ターニャのお嬢さんが出ました。お互いに片言英語で、地下鉄のキエフスカヤ駅で19時に待ち合わせになりました。会ったこともない、英語もあまり話せないロシア人の女の子とうまく会えるのかしら？　うまくコミュニケーションは取れるかしら？　不安を胸に抱いて駅のベンチに座っていました。ほどなく駅の階段を笑顔で下りてくる美人がターニャの娘、マーシャでした。マーシャからお母さんのターニャが足を手術して、もうヴェルニサージュに行くことができないということを知りました。彼女は立ち売りだったので。

それからマーシャと私は、メールの交換をして頻繁に連絡を取り合い、モスクワで食事をしたりする仲になりました。足は不自由ながらもターニャは元気で精力的に指人形も作り続けていて、私はマーシャ経由で作品を買っています。ターニャにもときどき会いに行きます。そのときはおうちで手料理をごちそうになって、以前のようにかわいいもの話で盛り上がり、楽しいひとときを過ごせるのです。

03　哀愁の人形

ヴェルニサージュの市場には、作家発掘の楽しみもあるとお話ししましたが、２階のはしっこにチャーミングなご夫婦のお店があります。

アンティーク絵本コレクターのミーシャとマトリョーシカ作家のアンナの夫婦の店。２人のセンスが好きで、ちょっとお値段は高めだけど、毎回少しずつ買い求めては、私のコレクションに仲間入りさせています。

アンナの作る雑貨は、色使いが優しくイラストも独創的で、とってもセンスがいい。トレイや木箱、天使の形のベルもしゃれています。ちょっと表情に哀愁があり、それを辛気くさいという私のお店のお客様もいらっしゃるけど、私はこの情緒深い表情が好き。

英語もフランス語もペラペラのミーシャは、英語で話しかけてきてくれて、一気に仲良くなりました。奈良で撮った大仏やシカの写真を見せて、私の住んでいる所はこんな所だよと話すと、古都・奈良の風景にとても興味を示していました。それから会うたびに、私のカフェはうまくいっているのかと親身に聞いてくれます。

とても寒いモスクワの長い冬、ミーシャはいつもお手製のお茶をごちそうしてくれます。オーガニックのベリーや、リンゴのスライスの入ったフルーツティーで、身も心も温まります。夏には、おいしいケフィール（P86）を出してくれます。ロシアの乳製品の産地で有名なヴォログダ製らしく、食べものにこだわっているなあ、といつも感心。ミーシャは、次に来るときはサントリーのウイスキーとか、海藻をいっぱいとか、度数の高い泡盛を持ってきて、などとリクエストしてきます。彼らのプレゼントを考えてスーツケースに詰めるのも、楽しい旅支度です。

内装がかわいいドームクニーギーのサンクトペテルブルク店。

絵本『マーシャとくま』のディスプレイに本物クマ。ど迫力。

サンクトペテルブルクで見つけた古本屋。分厚い本だらけ。

モスクワの書店「リスプブリカ」のブックカフェ。

04　いろんな本屋について

今まで訪れたどこの国にも本屋さんはたくさんあって、もともと本が大好きなので必ずのぞきます。ロシアの人たちは、すごく本好きが多い気がします。何か集まりごとがあったりすると、みんなが「ボクの好きな詩は」「私の愛する詩は」と諳《そら》んじることができるんです。ちいさな頃から本を読む教育を受けているみたい。だからかな、本屋さんに立ち寄ると、どことなく「ロシアの知識層」なムードが漂っている気がして、ここの空気を吸ってると賢くなれるんやないか、なんて妄想しています。

ロシアにも新刊を扱う本屋さんも古本屋もあります。新刊の本屋さんでよく行くのが、老舗の「ドームクニーギー」と「モスクワ書店」です。サンクトペテルブルクのドームクニーギーは、ミシンのシンガー社のビルにあって、内装がとっても素敵。併設しているカフェシンガーもおいしいので、ランチに使います。モスクワのドームクニーギーの新アルバート通り店は、かなり広くて文具やCDや雑貨もあって、ものさがしも大満足。そうそう、ここの子どもの本コーナーのディスプレイは、クマの剥製（！）を使っているんです。これがロシアの本物志向、おもしろいなあ。

モスクワ書店も雑貨を扱っていて、セレクトがかわいいのでお気に入り。地下に古本コーナーもあって、要チェックです。

メイン通りのレニングラツキ通りの大きな書店「リスプブリカ」も最近はよく行きます。ポップな雑貨もあって、レコードコーナーやおしゃれなカフェもあって、若い人でいつも混んでいて、ロシアの新しい本屋さんって感じの軽やかな空気が流れています。

05　古い絵本とグラビア

ざらっとしたペーパーバックのソ連時代の絵本。すばらしいイラストの作家さんが多く、現在復刻が進んでいる。

サーカス王国ロシアらしい写真絵本と、ロシアの作家同盟機関誌でグラビア週刊誌『アガニョーク』。写真が素敵。

06　サーカス

サーカス王国ロシアで、サーカスを観ないという手はありません。日本でも子どもの頃にロシアからやって来た「ボリショイサーカス」を体験したという方も多いと思いますが、やっぱりアウェイでの営業なので、規模も控えめ。本場でボリショイサーカスを体験すると、感動がハンパなく大きいのです。

モスクワで訪れたい３大サーカスといえば、まず、あのボリショイサーカス、英語でいうとグレート・モスクワ・ステイト・サーカス。完成度の高い芸術作品です。でもいつもプードルのくるくる回る芸があって、うれしくなります。

そしてモスクワッ子には「古いサーカス」と呼ばれている100年以上の歴史ある「ニクーリンサーカス」も人気。伝統的なアクロバットとピエロが交互に出てくる演出と、トラやアシカなどの動物による芸など、懐かしく感じの良いサーカスです。

３つ目は、私の大のおすすめ、ククラチョフの「ネコ劇場」、つまり「ネコのサーカス」です。ネコが芸なんてしないでしょう。確かにそうです。ネコが足の間を歩いたり輪っかにつかまったり、棒に登ったり。無理矢理なことをさせていないのだけど、かわいいから何でも許せるって感じのパフォーマンスです。劇場の２階にはネコミュージアムができて、ネコグッズの展示や休憩中のネコちゃんを観ることも。

サーカスを目当てにロシア旅を計画してもよいくらい楽しめますよ。

ネコサーカスの劇場は、ネコだらけ。子どもたち用にネコのメイキャップコーナーもある。

サーカスやバレエ、オペラのチケットは、主要駅近くにある「Ticketland.ru」というキオスクで買える。

07　妖精をさがして

世界的レベルでロシアの女性と子どもは、ホントに美しい。若いロシア女性の80%は、美人だと思われます。テニスプレイヤーのシャラポワさん級の美人となると少ないにしても、それに近い美人はウジャウジャいる。ターニャの娘のマーシャも美人、奈良に留学していたアーニャちゃんもかわいい、マトリョーシカ作家のアンナさんも上品なべっぴんさん。それに引き換え残念な感じの男性は多い。しかし子どものときは、男女問わず妖精のようにかわいい。長い冬の雪景色を肌に映したような白い肌、常に「気をつけ」をしているような良い姿勢、淡い色の髪、長いまつげ。ロシアの子どもの美しさをあげだすとキリがない。

余談ですが、冬のロシアに1週間滞在するだけで肌が引き締まって、つるつるになります。日本に戻ると、2日後にはいつもの肌に戻るけどね。寒さが美しさの秘訣の一つかも。

自然と触れ合い、のびのびと表現力豊かに育っているロシアの子どもたち。

モコモコのコートに包まれた冬着の子どももかわいいし、夏のおしゃれさんたちもキュート。

Цена номера [illegible] коп.

Индекс [illegible]

II

おみやげラブリー

とっても大きいミーシャのレターラック。
後ろのちいさなポケットにポストカードが
入れられる。

08　ミーシャ

1980年に開催されたモスクワオリンピック。冷戦時代のこと、参加していなかった日本ではあまり知られていないのですが、そのモスクワオリンピックのキャラクターが、この「ミーシャ」です。つぶらな瞳とお尻がプルンとしていて、かわいいことったら！

ロシアではアニメもあって大人気でした。日本でもボイコットが決まるまではオリンピックムードで、ミーシャの貯金箱を作っていた銀行もありましたっけ。

人形やバッジ、ポストカードやポット、グラスなどなど、キャラクターグッズがいっぱい作られ、今も市場やアンティークショップなどで見つけることができます。ロシアの人たちもこのクマの価値を知っていて、ネットオークションなどでも販売するようになってからは値段が急激に上がりました。それでも私のコレクター魂は衰えることなく、見たことのないミーシャグッズとの出会いが楽しみです。

モスクワオリンピックの閉会式で、ミーシャの形をした風船が飛んでいく演出があったのですが、胸が震えるほどかわいらしかった。先頃開催されたソチオリンピックの閉会式でも、その映像がちらっと映ったので、キャーキャー叫んでしまいました。YouTubeでも観ることができるので、ぜひご覧ください。

左　街で遭遇したモスクワオリンピックのミーシャとソチオリンピックのミーシャ。ミーシャはクマの愛称。**右**　1980年代に建てられたアパートの壁。

手帳風のものは仏露の会話ブック。ずっしり重い壁掛けのミーシャは口元の赤がチャーミング。

陶器のミーシャもいろんな大きさで作られていた。お尻のぷりっとしたポーズが好き。

プラスチックでできたミーシャもさまざまな色があり。微妙に表情が違うところもツボ。

09　チェブラーシカ

「チェブラーシカ」は、ロシアの絵本『ワニのゲーナ』に出てくる、かわいいけど何かわからない動物キャラクターです。1969年に人形アニメとして公開されました。2009年には日本でもテレビアニメ化、翌年には日本版の映画が公開。コンビニのローソンでキャラクターになっていたこともあり、日本でも多くの人がチェブラーシカをご存じだと思います。

ロシアで売っている公式ではないような古いチェブラーシカのグッズは、へんてこりんでとってもおもしろい。「えっ、これもチェブラーシカさんでしたか……」と絶句するモノをさがし続けています。

日本のチェブラーシカともロシアの
チェブラーシカとも少し違うのが、
よけいにおもしろかったりする。

ヴェーデンハーの広場で出会ったチェブラーシカの着ぐるみ。背が高すぎるのが気になる。

プラスチック製のおもちゃのチェブラーシカと、ロシア民芸のグジェリ焼のものと。

モコモコのぬいぐるみ。とても古いものらしい。色違いで6種類見たことがある。

10　ハリネズミ

ロシアで身近な動物ランキングで上位にあがってくる、ハリネズミ。日本の私たちにすると、あまりなじみがありませんが、ロシアの森にはたくさんいて、しかも姿が愛らしいので、ロシア人は大好きなようです。総じて動物好きなロシア人の日用品やおとぎ話のキャラクターには、そんなイラストや形をモチーフにしたものがたくさん。もちろんハリネズミもロシア人に愛されている動物なので、絵本やおもちゃにとよく登場してきます。

ハリネズミが主人公のアニメというと、日本でも有名なユーリー・ノルシュテインの「霧につつまれたハリネズミ」があります。ソチオリンピックでもロシアの代表的なモチーフの一つとして彼のアニメのハリネズミが紹介されました。彼のイラストは美しく、私も大好き。昨年サンクトペテルブルクのインペリアルポーセレン（P129）で、この陶器コレクションが発表されました。お話に登場する動物たちの愛らしい姿がそのままデザインされていて胸キュンです。

ハリネズミの陶器の置物もインペリアルポーセレンの定番品。ちょこんとした前足がラブリー。

11　花柄の布もの

大柄なバラ柄のコットン。これでギャザースカートを作るとかわいいだろうという妄想で買ってきて、いまだに布のまま。

鳩が花をくわえているモチーフ。ほわほわの雲の感じや色
使いがかわいい。ロシアっぽい絵柄。

子ども用のキャミソールとパンツ。いろんな柄の組み合わせが楽しめる。

赤ちゃん用のタイツ。大胆に外につけられたタグもかわいい。

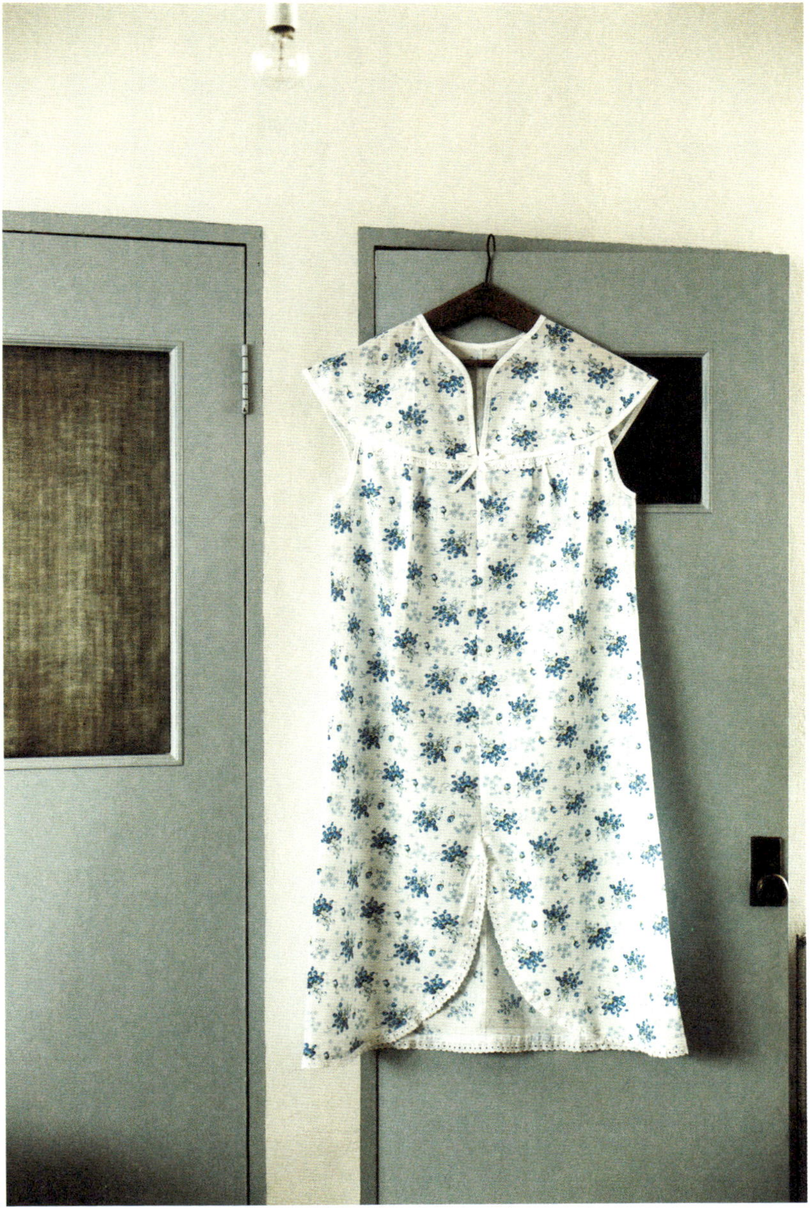

婦人用の綿製ネグリジェ。かわいい花柄のものがたくさんあり、サマードレスとして着こなせそう。

12　手編みの靴下

『カナカナのかわいいロシアに出会う旅』(産業編集センター)でも紹介した、毛糸の靴下を編んでいるダーリャさん。ぽっちゃりして髪の色が淡くてきれい。初めて会った10年前のときは40歳くらいかなと思っていたけれど、今も年をとったように感じません(会うたびにぽっちゃり度が増してきているのはちょっと気になりますが)。

ダーリャさんのお店はヴェルニサージュ市場の奥の階段の下。いつも前を通るたびに、私の本を出してきて話しかけてくれます。「この本のおかげで、たくさんの日本人が私の靴下を買ってくれるわ、ありがとう」。ロシア語がわからないので全部想像ですが、自分に良いように翻訳して笑顔で頷いています。

バラや動物、雪の結晶などの柄もの靴下は、子どものものから大人の男性のもの、そして靴下だけでなく手袋や帽子も作っています。彼女の創作意欲は衰えることがなく、いまだにたくさんのニット製品を編み続けて店は溢れんばかり、と思っていたら、隣のスペースもいつの間にかダーリャさんの店になっていました。在庫がいっぱいあるのに編み続けるその働きものぶりにも、いつもホントに感心しきりです。

彼女のをはじめロシアで売られている毛糸の靴下は、とっても暖か。これを1枚履くだけでぽかぽかになって、足元にカイロが仕込まれているみたい。かなり分厚いので、私はサボと履き合わせています。ロシア人の手作りのかわいいものを愛でる気持ちがデザインに表れていて、おみやげにおすすめしています。

笑顔の素敵なダーリャさん。マイナス20℃のモスクワの冬でいっぱい着込んでいる。でも
編み物するので手は、手袋なし。

婦人もののダーリャさん作の長靴下。これを履くとどんな寒さにも耐えられる。

チャーミングな絵柄の多い子ども用の靴下。
私の履けるサイズも作ってほしいな。

コブロフ工房の伝統的絵柄のマトリョーシカ。バラライカという楽器を弾いている。

13　マトリョーシカ

ロシアみやげのベスト1といえば、「マトリョーシカ」ではないでしょうか。木でできた入れ子式の人形で、中に同じ形のものがたくさん入っています。最近では日本でも、ぽっちゃりした体形（?）とスカーフをほっかむりした愛らしい姿が人気で、布やおもちゃ、防虫ポットなどにもモチーフとして使われています。本家ロシアでは、定番の黄色や赤を基調としたデザイン以外にもいろんなバリエーションのマトリョーシカが街のいたる所に。作家ものの凝った絵つけのものや、丸い宇宙の中にたくさんの宇宙飛行士が入っているもの、レースやビーズをあしらったもの、もうマトリョーシカとは呼べないようなものもあります。

街にはマトリョーシカが溢れている。

14　市場

世界中どこを旅しても、市場に行くのが大好き。街の活気も感じることができるし、何よりおみやげやアンティークを売っている店も多いので、立ち寄ってかわいいものをハントしなきゃいけません。ロシアの市場は、「ルイノク（рынок）」と呼びます。この文字を見つけたら、中に入るべし。

サンクトペテルブルクのいつも利用しているドストエフスキーホテルの向かいに、大きなルイノクがあります。ここにもみやげもの屋、アンティーク屋があって、私の買いもの欲をそそる場所です。このあたりのみやげもの屋のおばさんは英語が上手で、ロシアのおとぎ話をたくさん話してくれます。いっぱいありすぎて憶えられなかったけど、知っている話もいくつかありました。日常の買いものの野菜や魚のほかにも、はちみつ屋やロシア人の大好きなピクルス屋、チョコレート屋などもあって、人々の生活が垣間見られるのもうれしい。

サンクトペテルブルクの市場。みやげもの屋やアンティークの店もある。

ソ連時代のゴム製の人形。
毒々しさのないまっすぐ
な瞳に心うたれる。

15　アルバート通り

モスクワでおみやげをさがすなら、アルバート通りに行くのがおすすめ。地下鉄アルバーツカヤ駅を降りて地下道を上ると、歩行者天国の道路に出ます。そこからスモーレンスカヤ広場までの1kmほどがアルバート通り。私が思うには大阪の心斎橋通りくらいの感じで、東京の友人によれば浅草界隈といった雰囲気のストリートです。

通りには大道芸人や似顔絵描きがたくさんいて、カフェやレストランも多く、歩いている人のほとんどは観光客じゃないでしょうか。意外にも似顔絵を書いてもらっている人が多いのに驚きます。マトリョーシカの看板を掲げたみやげもの屋が軒を列ね、Tシャツやキーホルダー、もちろんマトリョーシカなど、「ザ・ロシア」な定番のおみやげさがしには困りません。ただしお値段は高めですよ。

アルバート通りに連なるみやげもの屋。駅から遠ざかるほど商品の値段が下がっていくような気がする。

ずらーっと、似顔絵描きが並んでいる。

歩行者天国になっているアルバート通り。週末は観光客でにぎわう。

OMEGA

16　グム百貨店

赤の広場に面して立っている「グム百貨店」。ロシア語で総合百貨店の意味の「グラブニィ・ウニベルサリニィ・マガジン（「лавный Универсальный магазин）」の頭文字からグムと呼ばれ、モスクワっ子に親しまれているデパートです。ソ連時代には国営の百貨店だったのですが、ペレストロイカ後、多くの海外企業も出店して、他国に負けないゴージャスな百貨店になりました。

必見は、ロシア・アヴァンギャルド建築を代表するウラジミール・シューホフが設計したファサードと、しょっちゅう変わる噴水前のディスプレイ、そしておみやげさがしに欠かせない１階の食料品売り場。古き良き時代の雰囲気を復活させた売り場や商品もすばらしく、長時間いても飽きることがありません。「美しいものを見る」という心の贅沢のためにも、モスクワに行くと必ず立ち寄る場所です。

◀◀◀
左上　クリスマスのディスプレイ。　**右上**　レトロなワンピースを着た売り子たち。　**左中**　３月８日の女性の日の花のディスプレイ。　**右中**　アイスクリームショップ。　**左下**　秋は彩り葉のディスプレイ。　**右下**　いつも飾りつけが素敵な噴水まわり。

17　キオスク

ロシアの街角では、ちっちゃな小屋のような店、キオスクをよく見かけます。キオスクというと駅にある売店というイメージが浮かびますが、ロシアのそれは街のいたる所にあって、人々の日常の買いものの場所になっています。それぞれが専門店になっていて、雑誌やタバコはもちろん、花、野菜、パン、乳製品、肉類、日用品などのキオスクがあります。人々はそれぞれ行きつけのキオスクがあって、ここでパンを買って、こちらで牛乳を買って、という生活スタイルになっているみたい。

寒さ対策から店には小窓しかなく、そこから中にいる売り子に注文し、支払いをし、商品を受け取ります。このシステムがロシア語のできない私は、ひと苦労。指をさしてもたくさんの商品が所狭しと並んでいるので、こちらのトランプを指さしたのに隣にあるマッチが出てきたり、ボールペンが出てきたり、コントまがいのやりとりに。そのうち売り子によっては機嫌を損なって、買えない事態に陥ったことも。

ほとんどのロシア人は世話好きなので根気よくつきあってくれますが、慣れるまでは、まあ大変でした。近頃は、10年前にはほとんど見かけることがなかったスーパーマーケットが街にたくさんできて、商品を手に取って自分で選べるようになり、私自身はキオスクで買いものをすることも少なくなりました。でもロシアの人たちは、気軽に買うことができるキオスクをまだまだ愛用しています。

買いものは別としても、私はキオスク好き。大きなロシア人が、あのちいさな店の中で、たくさんのものを並べて売っている姿がたまりません。外観も好きで、前を通るたびに必ずカメラのシャッターをきってしまうキオスクがあったほど。残念なことに最近は、バラエティー豊かなフォルムのキオスクは取り壊され、グレーの同じような箱形のキオスクがお目見えするようになってきました。飲みもの、アイスクリーム、食品など看板の文字だけの違いで、個性は激減。色とりどりでかわいかった昔ながらのキオスクは、なくなってほしくない絶滅危惧種です。

▶▶▶

左上・右中　花屋のキオスク。　**右上・左下**　パンを売っているお店。　**左中**　果物屋。　**右下**　スイカとメロンの店。それぞれが専門店になっていて興味深い。

С праздником
Цветы
24

БУЛОЧКА · ХЛЕБ · СБИТЕНЬ

цветы 24 часа

ПЕЧКА ХЛЕБ
ОЖДЕНИЕ ТРАДИЦИЙ

АРБУЗЫ & ДЫНИ

人気のキオスクには、行列ができていることも多い。

アイスクリームだけのキオスクもよく見かける。ロシアの人は、冬でもアイスクリームが大好き。

Ⅲ

USSRなラブリー

たくさんのバッジを組み合わせてつけると、かわいさ倍増。

18　ピンバッジ

USSRとは、「ソビエト社会主義共和国連邦」を英語でUnion of Soviet Socialist Republicsという、英字の頭文字で略したもの。つまりは、昔のソ連のことですね。

USSRグッズで私のお気に入りのものの一つに、金属製のバッジがあります。一般的に有名なのは軍モノで軍服の帽子や胸につける勲章のようなバッジが多いのですが、私のお気に入りは、もっとカラフルで、愛らしいデザインのもの。「国際女性デー」や「陽春と勤労の日」などの祝日のシリーズ、動物園や博物館などの施設のもの、アニメやおとぎ話のワンシーンを描いたもの、町の紋章、車や飛行機、ロケットなどの乗りものシリーズなどなど。ちいさいスペースに美しい色使いでデザインされていて、たくさん集めたくなります。これまで1000以上ものバッジを買い求めていると思いますが、訪れるたびに見たことのないデザインがあって、コレクター魂をくすぐられっぱなし。ロシアバッジは、観光スポットならどこにでも売っていて、蚤の市や赤の広場の入り口、みやげもの屋でも置いているところが多くあります。

ちいさい、限られたスペースの中のデザインが素敵。

19　文具

文具も欧米文化の入ってきていない少し前のものが好き。
キリル文字のプリントがかわいい。

ちいさいメモ帳やアドレス帳がよく売っていましたが、今ではスマホに取って代わられてしまった。

50年くらい前のポストカードと切手帳。ポストカードは蚤の市で、古切手は切手屋さんで見つける。

20　郵便と切手

私のロシア旅行の目的は、ロシアのかわいい雑貨を見つけて日本で販売すること。雑貨を買う量がたくさんになると、もちろんスーツケースに入れて持って帰るのは不可能で、郵便局から小包を送ることになります。ロシアからの郵便物は、中を勝手に開けられて、めぼしいものが抜かれてしまうとか、印刷物やCDは機密漏洩の恐れがあるので、検閲を受けないといけないとか、まことしやかな噂を聞き、送ることをはばかっていた時期もありました。でも、持ち帰れる限度を考えながらの買いものも楽しくないので、最近は郵便局から飛行機便で送っています。実際やってみたら、いつもきちんと送られてきて、箱が開けられていた、なんてこともありません。

ただ、この間すごく困ったのが、10kgの大きな小包を６つも用意していつもの郵便局に行くと、顔なじみの局員が「風邪をひいたから閉める」と言って帰ってしまったこと。ほかの人が代わりに来てくれることもなく、そのまま滞在期間中３日間（！）その郵便局の扉は開かなかったのです。仕方なく、歩いて30分くらいの別の郵便局を訪ねると、はかりか何かが壊れていて２kg以内のちいさい荷物しか送れないと冷たく言われました。ちなみにこのときの会話は、iPhoneのGoogle翻訳でした。

私の60kgの雑貨たちはどうなるの？　と困り果て、ターニャの娘のマーシャにメールをしたところ、彼氏と一緒に車で１時間もかけてモスクワに来てくれたのです。それだけでなく、国際郵便のできる郵便局をさがして20件もの郵便局に電話をしてくれて。やっと郵便局を見つけ、彼氏の車のトランクに荷物を積み込んでいざ出発。途中、彼氏のナビが壊れるハプニングがあったときは、私のiPhoneのGoogleマップを起動して無事到着しました（彼氏は、日本のナビはすごいなあと驚いていたけれど、これはアメリカ製です）。

そんなこんなで郵便局に６箱、60kgの荷物を運び込み、列に並ぶこと30分。通常、国際郵便は一つの箱に必要書類３枚なのですが、なぜかその郵便局では４枚書くように指導され、６個×４枚の計24枚もの書類を郵便局で書いて、発送。荷物を送り終えたときには、夜の８時。げっそりやせこけたように感じたものです。マーシャと彼氏とGoogleに、心から感謝。

サンクトペテルブルクの古切手屋さん。世界中の切手を見つけることができる。

21　USSR美術館

買いつけスポットの一つ「全ロシア博覧センター」の中に、ソ連時代の博物館ができたと聞いて、さっそく行ってみました。全ロシア博覧センターというのは、常設の博覧会場で、頻繁に催事が行われています。通称「ヴェーヴェーツェー（ВВЦ）」といわれ、私はバーベキューと憶えています。

その博物館は、「USSR美術館（Музей СССР）」といい、社会主義時代の懐かしい貴重なグッズの展示がいっぱい。入り口にはソ連時代のジープが配され、ノッケから気持ちが盛り上がります。入るとすぐに車やサイドカー、オートバイ、自転車などの乗りものの展示があって、大はしゃぎ。次の部屋には、ガガーリンの世界初の有人宇宙飛行成功の新聞があって、感涙もの。そしてオーディオ類、懐かしのポストや公衆電話や、アーミーファンが悶絶しそうな軍服や銃も。その時代の日用品のパッケージやかわいい数々のおもちゃもあり、老若男女が楽しめる空間になっていました。ソ連時代のアパートを再現した部屋には、クリスマスツリーが飾られていたりして、当時の生活の様子を垣間見ることができて、おもしろい。

少し怖かったのは、プチ・レーニン廟。レーニンの遺体に似せた人形が安置されていて、息をしているように胸が上下するのです。真っ暗な中に浮かび上がるレーニン、ブラックジョークすぎます。

かわいいロシア雑貨やおもちゃやポスターも豊富にあって、きっと昔を懐かしむロシア人にも人気があるのだと思います。私にとっては買いたいもの満載で、物欲がムクムクと湧き上がる博物館です。

欲しい雑貨がいっぱいで
クラクラするスポット。

ソ連時代のクリスマスの飾りつけを再現した部屋。質素ながら、暮らしを楽しむ姿勢が見える。

22　大衆食堂

ロシア語がまったく読めなかった頃（今でもそれほど理解できていませんが）、お世話になったのが「スタローヴァヤ」、いわゆる大衆食堂です。ソ連時代にはたくさんあって国民が利用していました。十数年前に初めてロシアを訪れたときもまだまだ昔ながらのスタローヴァヤがたくさんありました。この食堂の特徴は、日本でもよくあるお惣菜が並んでいて、トレイに好きなものを取って、レジまで行ってお金を払うシステムです。一般的に安くて、少し衛生的でなく味はそこそこ、という感じ。近頃は24時間開いているスタローヴァヤのチェーン店もあり、安いということから少しヤサグレたところもありますが。

トヴェルスコイ通りに入りやすくて味も合格ラインのスタローヴァヤを見つけました。サリャンカ（P90）というスープとビーツのサラダ、グラーシュという牛肉の煮込みにマカロニとキャベツのサラダつきに、お客がみんな飲んでいたリンゴのジュースを合わせて900円くらい。物価の高騰中のモスクワではお値打ちランチです。

12時から16時までのオープンで、お昼どきはサラリーマンなどでいっぱい。言葉がわからなくても、気軽にロシアの庶民料理が楽しめておすすめです。

入りやすいおしゃれなスタローヴァヤも増えてきた。

23　USSRなカフェ

アルバート通りにかわいいカフェができました。カフェというと、日本ではお茶をするところですが、ロシアのカフェは気軽なレストランで、食事もお茶もできる場所です。

お気に入りのそのカフェは、内装をソ連時代にしつらえているのですが、その時代のかわいいところだけを取り出して表現されていて、私のツボ。選び抜かれた調度品や雑貨は買って帰りたいくらいかわいい！　壁にかかった3匹のクマの織物や、大衆食堂のスタローヴァヤ（P70）でよく使われていた花柄の食器、どこかの家庭の書斎のような本棚やランプ、どれもよくできています。ソ連時代を過ごした人たちの子どもの頃の楽しい思い出が集まったような空間です。

メニューは「ヴァレニキ」の種類が豊富で、あとはロシアのカジュアルな食事が並びます。ヴァレニキは、わかりやすく表現すると水餃子のような感じ。具を皮で包んで、スープに入れて炊いたもの。具材は、肉のほかにジャガイモ、キノコ、ザワークラフトなどもあります。アルバート通り（P52）のおみやげさがしのあとの、軽い食事におすすめです。

アルバート通りの真ん中くらいにあるお店。メニュー表もかわいかった。

雀が丘から眺めるモスクワ大学。近そうに見えてとても遠い。

遠くに見える尖ったビルはロシア外務省。

24　スターリンクラッシック

「スターリンのウエディングケーキ」とも呼ばれている、背の高い段々のケーキのようなビルが、モスクワの中心に7軒あります。スターリンがニューヨークの摩天楼に負けじと次々に建てたビルらしく、モスクワを歩いているとよく目にします。アルバート通りから見える外務省や、雀が丘にあるモスクワ大学もそうです。

7軒のうちの一つ「ウクライナホテル」は自由に中に入れるので訪ねてみました。地下鉄キエフスカヤ駅を降りると見える、尖った建物がウクライナホテルで、外務省やモスクワ大学より外観も手入れが行き届いて、きれい。内装もゴージャスで、玄関ロビーの天井には美しいフレスコ画あり、ロビーの横のみやげもの屋の品揃えも高級。思いきって、高層階にある高級レストランに入ってみたのですが、バルコニーのレリーフが、共産主義のシンボル、星のマークになっていて感慨深かったものです。一度は泊まってみたいなあ、と夢見心地でした。

「スターリンのウエディングケーキ」のほかに、「スターリンの7姉妹」という呼び名もあるそうで、前述の3つのほかに、芸術家アパート、文化人アパート、ロシア鉄道省、「ヒルトン・モスクワ・レニングラーツカヤホテル」があります。

ウクライナホテル。一度は泊まってみたいな。

25　ダーチャ

「ダーチャ」とは、ロシアの人たちの大半が持つ、田舎の別荘。別荘といっても日本のそれと違って、富裕層のものでなく一般市民の田舎の別宅とでもいえばいいのでしょうか。ソ連時代、希望者全員に国が与えた土地に自分たちで小屋を建てたもの。ロシア語で与えるという意味のダーチから、ダーチャというそうです。

現在では裕福な人たちは近代的な建物を建てている人もいて、素朴な小屋的な建物は減ってきているそう。以前は週末をここに来て畑仕事をし、食料を補うというものでした。今では田舎生活の好きなロシア人も多く、都会に通勤する必要のない人が一年中住んでいることも。

５月なのに30℃を超える暑いある日、モスクワ郊外のリュドミラさんのダーチャを訪れました。リュドミラさんとご主人はもう年金生活者。ゆったりとした日々をダーチャで過ごしています。例外なく600㎡（規格の広さ）ある敷地では野菜やお花をたくさん育てていて、大きな犬２匹と楽しい毎日を過ごしています。ロシア料理に欠かせないビーツやニンニク、ネギやフェンネル、トマトやキュウリなどたくさんの野菜を育て、夏には家のまわりの森でキノコ狩り、作物の採れない長い冬のためにピクルス作りなどが毎日の日課なんて、とっても羨ましい。

夏休みの始まった（５月から！）小学生の孫たちも訪れて、のんびり過ごす一日。毎日バタバタしている私に本当に豊かな生活って何だろうと考えさせてくれました。

左　ダーチャ体験でお世話になったファミリー。　**右**　保存用のトマトとキノコのピクルス。

ダーチャの前は森で、テーブルと椅子を持っていって、木々に囲まれて食事をすることもあるとか。

ダーチャを訪れるたび、自然いっぱいの中で過ごした子ども時代を思い出し、いつか田舎暮らしに戻りたいなと思う。

畑をして、薪を割って、食事を作って、というシンプルな生活がダーチャの日常。

Каждый квадратный метр зеле
ди в парке используется на сто

А хороший собеседник — разве

Ⅳ

ローカルライフのラブリー

懐かしい柄のビニールクロスをテーブルに敷くのがロシア流。植物モチーフが圧倒的に多い。

26　食卓

ロシア語がままならないのに、ロシア人家庭を訪問する機会に恵まれています。どのお宅でも、外は共産主義時代のままの灰色な感じで、ヤサグレ感満載なのに、部屋に入るとラブリーで生活を楽しんでいる様子に感心しきり。

部屋では意外にも靴を脱いでスリッパで過ごしています。日本のように段差のある玄関ではないので、どこで靴を脱ぐのかが微妙なのですが。また、日本人に比べると、大ざっぱで気にしない性格の人が多いので、部屋はちょっとごちゃっとしています。

壁紙やカーテン、テーブルクロスなど柄ものがとっても多く、それも花柄が断トツ。いろんな柄ものを合わせていても不思議と統一感があってなごめて、なによりかわいいのです。壁に飾った絵やアートワークや木工の家具など、家族の誰かの手作りで、家族みんなが愛し合っているなあ、とうれしくなります。シンプルなスタイリッシュなインテリアもいいですが、この柄オン柄のミックスセンスのぬくもりもとても好き。

食事は、どこの家庭でも山盛りでもてなしてくれて、お腹いっぱい食べる人が好まれる気がします。食事のあとは、ケーキとお茶。ロシア人は甘いものが大好きで、手作りのケーキやブリヌイ（パンケーキ）、買ってきたチョコレートやクッキーを用意してくれています。

お茶は、コーヒーより紅茶派で、大きなポットやサモワールにたっぷり、おかわりもたくさん。紅茶にはレモン、牛乳のほかに、はちみつやジャムを入れる家庭も多いようです。コーヒーにレモンを入れることもあって、これが意外においしいのです。

ДОБРЫЙ

手作りのお料理でもてなしてくれる指人形作家のターニャ（P15）。彼女のボルシチは私の大好物。

27　食器

ホーローのマグカップは日用品店で購入。ホーローは果物柄が多い。

花柄のティーカップとボウルは、蚤の市で見つけたもの。

ホーロー鍋は調理だけでなく、牛乳やはちみつを保存する容器にもよく使われる。

ソ連時代のドットのティーセット。アンティーク屋で買った。

28　スーパーマーケット

日本に帰って、ロシアを懐かしむものの一つに乳製品があります。ロシアは農業国なので、野菜も乳製品もとびきりおいしい。乳製品は驚くほどの種類があって、その全部を試したわけではないけど、中でも「ケフィール」と「スメタナ」が大のお気に入り。

ケフィールは、ヨーグルトドリンクに似ているのですが、ケフィール菌で発酵した乳飲料。甘くなく、飲むと少し舌がぴりぴりして、おいしくて体に良いらしい。スメタナはサワークリームのことで、日本で販売されているサワークリームと違って、なめらかであっさり。ボルシチやブリヌイ、ヴァレニキ（水餃子）など、いろんな食べものの上にのっけて食べます。これがたまらなく美味！　日本だとカスピ海ヨーグルトを固くしたような感じです。

さらに、スーパーマーケットで売っている乳製品のパッケージもかわいすぎ。牛乳はパックになっているものもありますが、袋に入っていて、家庭でホーローの容れものに入れ替えて使うところも気になっています。ロシア家庭の冷蔵庫の中は、さぞやカラフルでラブリーでありましょう。

ウラジオストクの牛乳パック。こんなパックが日本でもあるといいな。

ゾウのパッケージの紅茶と子ども用クリームと乾燥キノコ。キノコの種類がとても豊富。

29　エプロン

ロシアの伝統民芸品であるホフロマ（漆器）柄のエプロン。ほかにもグジェリ（青白の陶器）柄やマトリョーシカ柄もあり、おみやげに喜ばれる。

30　ウクライナ料理

私の好きなロシア料理は、「ボルシチ」と「サリャンカ」。どちらもスープなのですが、ロシア料理だと思っていた両方ともが、正式にはウクライナ料理でした。

ボルシチは、ビーツという赤いカブと牛肉のスープで、ビタミンがたっぷりで、美容と健康に良いそうです。牛肉のだしの効いたスープは味わいも格別。サリャンカは、魚ベースのものとキノコ類ベースのスープがあります。野菜やオリーブ、ソーセージ、ピクルス、マリネ、クワスなどの発酵したものが入っていて、酸っぱおいしい。

ほかにもウクライナ料理では、水餃子のような「ヴァレニキ」、ソバの実のおかゆ「カーシャ」などがあります。どれもロシアレストランで食べることができて、メニューに「ウクライナスキー」（「ウクライナの」という意味）と書かれている料理は「おすすめですよ」という意味らしい。

酸っぱさがくせになるスープ、サリャンカ。スメタナ（サワークリーム）を加えて。

31　グルジア料理

ロシアでおいしそうなレストランに入ると、グルジア料理だったということがよくあります。グルジアという国名を、私はロシアに来てから初めて知りました。グルジアは、もともとソビエト連邦の一部で、ソ連の最高指導者・スターリンの母国でもあります。グルジアは南コーカサスに位置していて、トルコとアジアとロシアに挟まれた、いろんな文化が入り交じった場所。さらに温暖な気候に恵まれた土地の滋味豊かな食材の織りなす料理とくれば、おいしいはずです。

グルジア料理でお気に入りは「ハルチョー」というスパイスの効いたスープと、「ハチャプリ」というチーズ入りのパンです。うどんのような麺入りスープもあって、ロシア料理以外のものが食べたいときに訪れます。

小龍包のようなヒンカリ。上のひねってあるところを手で持っていただく。

ドライブスルーのできるお店もある。日本にもできてほしいな。

32　ファーストフード

ロシアにもファーストフード店はいっぱいあって、マクドナルドやケンタッキー、サブウェイなどなど、アメリカから進出してきたお店が大人気。でも、モスクワ発信の「クローシュカ・カルトーシュカ」もロシア人は大好き。「カルトーシュカ」は、ジャガイモの意味。オーブンで焼いたジャガイモを半分に切ったものの上にバターやチーズ、いろんなサラダのトッピングを選んでのせて食べます。

おすすめは、バターとチーズにキノコのピクルスサラダのトッピング。サイドにボルシチを添え、締めて600円くらい。ロシアのランチだとかなりお安く、急いでいるときの軽い食事にぴったりです。

そして街でよく見かけるクワスのタンク車。クワスはライ麦と酵母を発酵させて作った、ロシア特有の微炭酸飲料。スーパーではペットボトルで売っています。暑い夏にぴったり。

ロシア人が大好きな飲料、クワス。黒パンが原料というのがロシアらしい。暑い日に冷やして飲むとおいしい。

33　チョコレート

キオスクの中でもルイノク市場の中でも一番好きなのは、チョコレート屋。壁にビッチリ並んだカラフルでラブリーな包み紙の眺めに心が躍ります。一つ一つの包み紙のデザインがかわいいのはもちろん、量り売りで買えるのも乙女心をくすぐるところ。キオスクのチョコレート売り場では、窓に並んだチョコを指さし（ロシア人は名前を言っていますが）、「これを何グラム」と注文します。売り子さんは大きなはかりにチョコレートをのせて金額をはじき出します。最初は100gがどのくらいの分量がわからず、買いすぎてしまうこともしばしばでした。そんなときは「何個」と注文しても大丈夫。そりゃそうですね。

最近はスーパーで袋詰めにされて売っていて買いやすくなりましたが、情緒がなくなってしまった感じもします。まだまだ量り売りの店もあるので、ぜひトライしてみてくださいね。

ロシアのチョコレートのパッケージで有名な「クラースヌイオクチャーブリ社」（赤い10月という意味）の「アリョーンカちゃん」。プラトーク（P144）をかぶった女の子で、ロシアみやげの代名詞にもなっています。この会社のモスクワ川畔にある赤煉瓦のチョコレート工場。この中に入って、工場見学したいという夢はまだかなっていません。

上　アリョーンカちゃんのチョコレートペースト。　下　デザインが豊富なひとくちチョコのパッケージ。まだまだ種類がある。

34　甘いもの

ロシアの人たちは甘いもの好き。ルイノク市場でも、行列ができているなと思ったらクッキー売り場だったり（クッキー売り場も量り売りなので、大きなビニール袋いっぱいにクッキーを持ち帰る人がほとんど）、電車の中でも透明パッケージのホールケーキを持っている人もよく見かけます。甘いお菓子はデザインもかわいいので目に留まるのです。

ロシアには珍しくカップケーキ屋さんができたと聞いて、行ってみました。とってもかわいい内装とお菓子たち、夢の世界のよう。味わってみると、やっぱり甘〜い。店内のお客さんが、なぜかおしゃれ男子ばかりだったのがちょっと気になりました。

▶▶▶

左上　ルイノクのクッキー売り場。　**右上**　グム百貨店のキノコのケーキ。　**左中**　ホテルの朝食のケーキコーナー。　**右中**　ホールケーキの持ち帰り用のパックがかわいい。　**左下・右下**　カップケーキ屋「アップサイドダウン」。

34р.
32р.

SPECIALS
Cakes
·КЛУБНИЧНЫЙ
·ВИСКИ-ПЕКАН
150₽
FOOD
ЗАВТРАКИ
КАША ОВСЯНАЯ 100
ПАНКЕЙКИ
NY ЗАВТРАК
ЛАНЧ - ALL DAY
БЕЛЬГИЙСКИЕ ВАФЛИ 340
СЫРНИКИ 250
ОМЛЕТ 280/320
БРУКЛИНСКИЙ СКРЕМБЛ 310
САЛАТ СО ШПИНАТОМ И ВИНОГРАДОМ 350
ЦЕЗАРЬ С КУРИЦЕЙ/КРЕВЕТКАМИ 370/380
КОББ САЛАТ: КАЛЬМАРЫ/ИНДЕЙКА 410/390
БИФ САЛАТ 490
ИЗ ОВОЩЕЙ НА ГРИЛЕ 350

35　花屋

町のあちこちで見かける看板「цветы　24 часа」。これは、「お花24時間」という意味です。つまり一日中開いているお花屋さんがとっても多いのです。

ロシア人の贈りものの定番が、花とチョコレート。デートのときに1輪の花をプレゼントする男性も多く、電車の中で花を持っている人をよく見ます。ロシアの女性は花が大好き、きっととても喜ばれるのでしょう。

「でもどうして24時間開いてなくちゃいけないの？」と、ロシア人に尋ねると、夜遅くなって家に帰るときに、奥さんの許しを得るためにお花を買う男性が多いようです。そんなことを聞いてから、夜中に花を買っている男性を見ると、何か悪いことをしちゃったのかな、と思ってしまいます。

▶▶▶

上　セルギエフ・ポサード駅前にある24時間営業の花屋。　**下**　モスクワの地下鉄カローメンスカヤ駅前の花屋。デコレーションしすぎでおもしろい。

цветы
игрушки
такси
24 часа

ФОТОАТЕЛЬЕ
24 часа
цветы
РЕМИТ
МАГАЗИН
ОЛБАСЫ
ЦВЕТЫ

Парк Горького

36　散歩

ロシアの公園にはいつも人がたくさんいます。若いカップルはもちろん、家族連れ、学生のグループ、サラリーマン風のグループ、警察官たちなど、たくさんの人々が歩いたり、腰掛けたりして談笑しています。

日本に来ていたロシア留学生のアンナちゃんに、「日本人はすぐに喫茶店に入る」と言われたことがあります。「じゃあ、デートとか友だちと話すときは、どこで話すの？」と聞くと、「散歩」という答えが帰ってきました。極寒の日以外は、外で歩いて２時間３時間は軽く話をするそうです。外の緑を見ながら散歩するのはとても楽しいという答えに、すぐお茶しに喫茶店に入る自分を少し恥じました。

また、指人形作家のターニャ（P15）と再会したときに、足が不自由になり杖をついていたのに、２時間近く散歩をしてお話ししました（といってもロシア語なので、大半理解していませんでしたが）。私が散歩を強要したわけではなく、「セルギエフ・ポサード（P153）の白鳥のいる湖を一周しましょう」と誘われたのです。足が不自由になったのに！

ロシアの道路は幅広く、地下鉄の乗り換えはホームからホームまでが遠くて、日々たくさん歩かないといけないので、日本人の私はときどき疲れるなあと思いますが、散歩で鍛えられたロシア人には、どうってことないのでしょう。

ロシア人は会話が大好き、自然が好き、散歩が好き。散歩好きの多いロシアには、素敵な公園がいっぱいです。中でもゴーリキー公園は、モスクワ川も望めるし、カフェも本屋もギャラリーも遊園地もあって、とてもおすすめです。

短い夏を楽しむ少年少女。広大な敷地のヴェーデンハーの公園にて。

37　おしゃれ

一時期、ロシアや東欧のおばあちゃんのスタイルがかわいいと、日本の雑貨好きの間で話題になりました。花柄のワンピースを着て、頭にはスカーフを巻いているスタイル。日本では「バブーシュカ」と呼ばれましたが、バブーシュカというのはロシアではおばあちゃんという意味で、ロシアのおばあちゃんが頭に巻いているようなもの、という感じでしょうか。

急激な経済成長で社会格差が広がり、残念ながらロシアのあのかわいいおばあちゃんファッションは、今ではほとんど見かけません。ただし、ロシア正教では教会に入るときに、女性は髪の毛を隠さないといけないので、頭をバブーシュカ（ロシアではプラトークといいます）、つまりスカーフで覆います。教会に行くとプラトークを巻いた女性を見かけることができます。

10年くらい前にロシアを訪れたときは、まだまだおしゃれ発展途上だった若い子たちは、上下ピンクの組み合わせや、スポーツウエアで町を歩いていたのですが、ネットやメディアのおかげで洗練された女性たちは、もともと美人が多いのも手伝って、モデルのような女の子もたくさんいます。なぜか男性にはおしゃれさんが少ないのが残念です。

サンクトペテルブルクのロシア民族学博物館は、かわいい民俗衣装をたっぷり見られる。

ベーカリーショップの店員。制服もかわいい。

おばあちゃんになるとみんな立派な体格に。

はちみつ市場で出会ったミツバチのようなお姉さん。

指人形作家のターニャの娘、マーシャ（P15）。美人さん。

38　ロシア語

はじめてロシアの空港に降り立ったとき、「絶対この言葉を読めることにはならないやろうな」と思ったくらい、キリル文字はややこしい。Rのひっくり返したのが「ヤー」だったり、Hのように見えるのが英語のNのような発音だったりします。もちろん英語のアルファベットとはまったく違う形の文字もいくつかあります。しかし何年もロシアに通っていると、食事をしたり、電車に乗ったりの日常生活を営むためにも、読むことだけはできるようになりました。

ロシア語と英語は、発音すると同じ意味の単語が意外に多いので、読めるようになると少しは便利です。右ページの表は、ロシア語で表記する「あいうえお」です。これがわかると、ロシア語で自分の名前を書くことができます。例えば、イオカミホは、и о к а м и х оとなります。

ロシア語表記

	あいうえお	а	и	у	э	о
	かきくけこ	ка	ки	ку	кэ	ко
	さしすせそ	са	си	су	сэ	со
	たちつてと	та	ти	цу	тэ	то
	なにぬねの	на	ни	ну	нэ	но
	はひふへほ	ха	хи	фу	хэ	хо
	まみむめも	ма	ми	му	мэ	мо
	や　ゆ　よ	я		ю		ё（йо）
	らりるれろ	ра	ри	ру	рэ	ро
	わ　　　ん	ва			н	
	きゃ　きゅ　きょ	кя		кю		кио（кё）
	しゃ　しゅ　しょ	ся		сю		сё
	ちゃ　ちゅ　ちょ	тя		тю		тё
	にゃ　にゅ　にょ	ня		ню		нё
	ひゃ　ひゅ　ひょ	хя		хю		хио（хё）
	みゃ　みゅ　みょ	мя		мю		мё
	りゃ　りゅ　りょ	ря		рю		рё
【濁音】	がぎぐげご	га	ги	гу	гэ	го
	ざじずぜぞ	дза	дзи	дзу	дзэ	дзо
	だぢづでど	да	дзи	дзу	дэ	до
	ばびぶべぼ	ба	би	бу	бэ	бо
	ぎゃ　ぎゅ　ぎょ	гя		гю		гио（гё）
	じゃ　じゅ　じょ（ぢゃぢゅぢょ）	дзя		дзю		дзё
	びゃ　びゅ　びょ	бя		бю		бё
【半濁音】	ぱぴぷぺぽ	па	пи	пу	пэ	по
	ぴゃ　ぴゅ　ぴょ	пя		пю		пё

V

乗りものラブリー

39　乗りもの切手

ПОЧТА СССР
«СЕВАСТОПОЛЬ»
ПОЧТА СССР
«ГАФЕЛЬ»
ПОЧТА СССР
ПОЧТА СССР · 1974
ПОЧТА СССР
«ГРЕМЯЩИЙ»
ПОЧТА СССР
ГВАРДЕЙСКИЙ КРЕЙСЕР «КРАСНЫЙ КРЫМ»
ПОЧТА СССР
4к
ТОВАРИЩ
3ZŁ POLSKA
STATEK HANDLOWY XIX W.

切手もたくさんの種類があるけど、乗りものシリーズを厳選。
ほかにも宇宙ものも豊富にあるのがロシア切手の特徴。

40　地下鉄

モスクワ市内を移動するには、地下鉄がとても便利です。12路線がそれぞれ色分けされていて、私は色を憶えて乗り換えています。ホームに向かうエスカレーターが恐ろしいほどに深いのと、ときどき車内で電気が消えたりするのも慣れると刺激的で、おもしろがれるようになりました。

どこまで行っても同じ料金の切符は、窓口や自動切符売り場で買い求めるカード型で、改札はタッチ＆ゴーシステムです。改札を出るときは、切符はいりません。世界で第２位の混み合う地下鉄で（１位はやっぱり東京らしい）、ラッシュ時にはとても混雑し、もたもたしていると目の前でドアが閉まるということもよくあります（ホームには駅員さんもほぼいないので、容赦なし）。

駅それぞれの装飾が美しく、シャンデリアもあり、まるで宮殿かのような雰囲気です。

◀◀◀

上　コムソモーリスカヤ駅のホーム。　**左中**　オクチャーブリスカヤ駅のエントランス。メトロの「M」が素敵。　**右中・左下**　ラブリーがいっぱいの環状線のキエフスカヤ駅。　**右下**　ホームに続くエスカレーターは、深くて速いが基本。

НАХОДЯСЬ НА ПЛАТФОРМЕ
НЕ ОСТАВЛЯЙТЕ
ДЕТЕЙ БЕЗ ПРИСМОТРА
ОПАСНО ДЛЯ
ЖИЗНИ!

АЛЕКСАНДРОВ
ЭД2Т

41　列車

モスクワの国際空港から市内に行くにはマルシュルートカ（P114）と地下鉄を乗り継がないと行けなかったのが、「アエロエクスプレス」（直通列車）ができて、ぐんと便利になりました。アエロエクスプレスはきれいな赤色を基調としたスタイリッシュな電車。またモスクワからサンクトペテルブルクに行くにも、「サプサン号」という新幹線が走って、これもずいぶん便利でかっこいい。

この列車たちだけを知っていると、ロシアの列車も日本や西欧諸国と同じ「便利でかっこいいんやん！」と思いがちですが、ホントのロシア列車のおもしろさを知るには、近郊列車にぜひ乗ってみてほしい。私がよく利用するのは、ヤロスラヴリから出ているセルギエフ・ポサード行きの列車。この列車の中で繰り広げられる車内実演販売がツボにはまるんです。この間は、乗車している1時間少しの間に、17組もの怪しいもの売りがやって来ました。懐中電灯に始まり、接着剤、マフラー、タオル、首振る亀の置きもの、掃除道具などなど。これらを実演を交えて、長々とトークして車両を回ります。「こんなとこで買う人はいないでしょう！」と思うのだけれど、ときどき売れていて驚きます。この「なぜ今ここで買うの?!」を見るために長距離バスじゃなく、列車を利用しているのかも。

◀◀◀
上　セルギエフ・ポサードに続くヤロスラヴリ駅のホーム。駅の名前は、終点の地名がつけられていて、わかりやすいのやら、わかりづらいのやら。　**下**　ポップな色の近郊列車の車体。

42 乗合バス

12年ほど前、初めてロシアの地に足を踏み入れたとき、驚いたのは日本の中古車が多すぎること。普通車はもちろん、○○幼稚園や××水産などの文字が書かれたバンが、ロシアの乗合バス「マルシュルートカ」に使われていて、なんとも目が落ち着かない景色に首をひねることしきり。この頃はさすがに日本語ロゴ入り車を見かけることも少なくなりましたが、このマルシュルートカのシステムがとっても興味深いんです。

バスといってもバンくらいの大きさがほとんどで、10人ほどで満席です。満席になったら発車。時刻表はあるけど、あまり時間通りではなく、ぎゅうぎゅうになったら、なんの断りもなく急に発車です。普通の車なので、助手席や運転席との間の席も座席になっています。このシステムをわかっていなかったときは、前に座っている人は乗務員だと思っていました。

支払いは、バスが発車してから。後ろの人からお金を前の人に渡して渡して集めていって、一番前の席の人が運転手に渡します。金額はだいたいどこまで行ってもわかりやすく同じ料金。お釣りはほかのお客さんのお金から取り、運転手に渡るときは、人数分の料金になっています。助手席に乗ると責任重大な気がして、私はいつもコソっと後ろのほうの席に腰掛けて車内の様子を眺めています。

車内はもっぱら運転手のおうちさながら、かわいいカーテンを掛けていたり、マスコットがいっぱい吊り下がっていたり。以前はいちいち興奮していたのですが、最近は殺風景な車内のマルシュルートカが多くなってちょっぴり寂しい。

降りたいバス停に近づくと、運転手に声をかけて停めてもらいます。バス停のないところでも運転手に言って停めてもらっている人も。そんなとき、「息子の子どもが生まれたんで、お祝いを買ってから息子のとこに行きたいのよ。だからここで降ろしてちょうだい。ここのお店はかわいいおくるみがたくさんあるしね。赤ん坊は女の子で息子によく似てかわいいのよ……ペチャクチャペチャクチャ」と決まって長い会話をしてから降ります（といっても、ロシア語がわからないから、いつも想像ですけどね）。おしゃべり大好きなロシア人らしい光景です。

マルシュルートカなどの公共の乗りものは、すごくリーズナブル。10年くらい前は15円くらいで乗れて驚きました。さすがに物価が上がった今は100円くらい。公共の安い乗りもので町をめぐることができるようになると、旅はひときわ楽しくなります。

車体には、行き先と系統番号が書かれている。

トラムから見たマルシュルートカ。トラムも慣れるととっても快適。

マルシュルートカの車内。これは、とっても広いほう。もっと狭いのがほとんど。

いつも乗る前に行き先を運転手に確認する。

43　遊園地とモスクワ川クルーズ

日本ではテーマパーク以外の遊園地がめっきり少なくなりました。私の地元・奈良には「あやめ池遊園地」と「ドリームランド」という遊園地があって、とっておきのスポットでしたが、今はもうありません。ディズニーランドのように完成されたテーマパークを知ってしまうと、遊園地なんてチープでショウモナイものなのでしょうか。とても残念な気がします。

しかしロシアには、子どもの頃に連れて行ってもらったような遊園地がたくさんあって、休日は子ども連れで大にぎわい。ジェットコースターや、メリーゴーランドなどの遊具から、ゴムで上下に跳ねる単純な仕掛けのものなどなど、みんな必死で遊んでいます。そんな姿をボッーと観察していると幸せを感じる、私の好きな時間です。

なぜか射的の店が多く、景品はたいてい大きすぎるぬいぐるみです。「そんなん誰がほしいねん！」って思っていましたが、けっこうチャレンジしている人が多いので、ロシア人のかわいいのツボは広いんだと思います。

ロシアの遊園地は懐かしいもの、ラブリーなものがたくさん見つかる、私のロシア休日スポット。乗りものに乗って遊ぶのも楽しいし、写真を撮るのも楽しいので、買いつけのない日は散歩がてら立ち寄る。

ВХОД
АТТРАКЦИОН
НЕ РАБОТАЕТ

気持ちの良い季節になると、「モスクワ川クルーズ」についつい乗ってしまいます。素敵な男性と乗るのが一番でしょうが、おひとり様でも意外に楽しく、なにしろモスクワの観光地を一挙に観られるので気に入っています。

船着き場はいくつかあり、ロシア最古の石造建築である主の昇天教会のあるコローメンスコエ、雀が丘のふもと、地下鉄キエフスカヤ駅、赤の広場の裏側などで、観光したい降り場で下船すると便利。川から眺める、おもちゃのようなワシリー寺院、キラキラ光る救世主キリスト教会、「とったどー」ポーズのピョートル大帝の記念碑、ポップなベンチを並べたゴーリキー公園や煉瓦造りのチョコレート工場と、シャッターチャンスがずっと続いて見所満載です。全行程で２時間弱。降りたい船着き場に近づいたら、入り口近くでスタンバイしておかないと、すぐに出発していまい、降りることができなくなることがありますのでご注意を。

気候のよいシーズンは、観光客や地元の友だち同士、カップルなどでにぎわっているモスクワ川クルーズ。川から観光名所を眺めることができるので、初めてのモスクワ旅行にはおすすめ。

ВОСТОК
ГАГАРИН.Ю.

44　宇宙グッズと宇宙スポット

世界で初めて有人宇宙飛行を成功させた国、それはロシアです。有人飛行の前に実験で50回以上も犬を宇宙に送り込んだ国もロシアです。

こう書くと、なんてひどい国！　と思うかもしれませんが、アメリカではサルを送っているから、どっこいどっこい。ロシアの宇宙開発は、他国をビビらせるくらい進んでいたのです。それをロシア国民は誇りに思っていて、たくさんの宇宙グッズがあり、宇宙オタク、宇宙バカのような人が、ロシアにはたくさんいます。私もその１人。宇宙モチーフの雑貨が大好き、ガガーリンが大好き、ライカ犬の雑貨が大好き。

じつは私のカフェの２号店の名前である「ボリク」というのも、宇宙犬の名前からとったもの。ボリクはロケットの打ち上げ前に脱走をしてしまい、仕方がないので近所を走っていた野良犬が捕まえられ、「ゼーイーベー（ЗИБ）」――行方不明のボリクの代理（Замена Исчезнувшему Боликуの略）――と名づけられ宇宙へ行ったのです。打ち上げ終了後にちゃっかり戻ってきたという危険を察知した賢い犬がボリクちゃんです。

そんな宇宙好きの私なので、蚤の市でも宇宙関連の雑貨を見つけたら、高くても買ってしまいます。仕入れではなく、自分用に。なぜか私のお店では、宇宙グッズはあまり売れないのです。

地下鉄ヴェーデンハー駅のほど近くにある、「宇宙飛行士記念博物館」も私のツボです。ロケットが飛び立つところをかたどった建物にも萌えます。

博物館内で展示されている数々のロケット、ガガーリンの功績、ベルカとストレルカ（無事に地球帰還した、初めての動物）と見られる宇宙犬２匹の剥製。レトロでかっこいいポスターなど、見所がたくさんあります。入り口の売店で、珍しい宇宙グッズも購入できます。

入場券もハンサムなガガーリンの笑顔。素敵すぎて、私はスマホの待ち受けにしています。宇宙好き、宇宙好きになりそうな方にはぜひとも訪れてほしい場所です。

宇宙のマトリョーシカばっかり作っているアンドレイさん。左ページのガガーリンも彼が作ったもの。ロケットの中にミニガガーリンが入っている！

わが家の宇宙コレクション。訪れるたびに１個ずつ増やしていっている。

宇宙モチーフのロシアバッジ。「どんだけ種類があんねん?!」と驚くほど、過去大量に作られていたみたい。

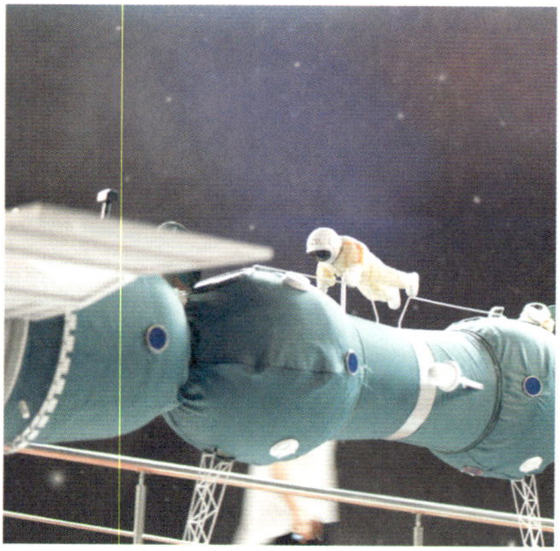

見所満載の宇宙飛行士記念博物館。ガガーリンが宇宙に飛び立ったときなどのお宝映像や、たくさんのロケット、気象衛星などのレプリカが展示されていて宇宙好きは、とても楽しめる。ヴェーデンハー駅からすぐなので、ぜひ訪れて。

Ⅵ

インペリアルなラブリー

45　乙女の「インペリアルポーセレン」

サンクトペテルブルクで1744年に創業した「インペリアルポーセレン」。以前は「ロマノーソフ」と呼ばれていたロシアの名陶です。芸術性の高い、そしてお値段も高い作品から、私の日常でも使えて、かつ私のコレクション魂がくすぐられる手の届くお値段のものまで、いろんな陶磁器を販売しています。

私のお気に入りは薄い仕上がりの磁器に繊細な描写が施された陶磁器たち。ちょっと前に発表されたバレエシリーズは、ロシアらしく、乙女心を大満足させてくれるものです。大好きな「白鳥の湖」「ジゼル」「くるみ割り人形」「ロミオとジュリエット」「火の鳥」などなど。ぜーんぶ集めたいなあ、と思うシリーズです。

46 ちいさなお宝「インペリアルエッグ」

映画「オーシャンズ12」や「007 オクトパシー」などにも出てきたロシアの宝物、ファベルジェ工房*の「インペリアルイースターエッグ」。世界に50個くらいしかなくて、1個が3億から20億円もする、ものすごいものらしい。卵の形に、宝石や金銀を使ったきらびやかな装飾とからくりが施されています。

ロシアでは、これを模したみやげものの「インペリアルエッグ」がたくさんあります。みやげものといっても細工がすばらしいので、お値段は張るのですが、中からマトリョーシカが出てきたり、オルゴールになっていて中の人形が回ったり、古風なロマンティックさがあって、宝ものとしてコレクションするのにふさわしいものです。

*ファベルジェ工房……19世紀後半から20世紀初めにロシア王室ご用達の宝石商として、宝飾品や文具など数多くの独創的で美しい工芸美術品を製作。

47　セレブリティのカフェ

紅茶文化のロシアにも、10年ほど前にカフェブームが到来。今やモスクワのいたる所にカフェがあります。スターバックスやル・パン・コティディアンのような海外から入ってきたチェーン店のカフェもあるし、ロシア生まれのチェーン店もあるし、個人営業のこぢんまりしたカフェもあるし、おしゃれなブックカフェもあります。

中でも行っておきたいカフェのナンバー1は、長い歴史をもつ「カフェプーシキン」のカフェじゃないでしょうか。ややこしいですが、カフェプーシキンは有名なレストランで、その隣にある「コンフェクショナリー・カフェプーシキン」が喫茶のおすすめ。

パステルカラーの宮殿のような内装の中で、かわいく優しい制服の給仕さんを見つつ、お茶とケーキを楽しめる空間です。お値段はかなり高いのですが、優雅な空間で、美しく甘いケーキとコーヒーを楽しめます。そしてこのカフェのお手洗いが、サイコーにラグジュアリー！　モスクワで一番美しいレストランといわれる「トゥーランドット」のお手洗いに案内されるのです。トゥーランドットは、カフェプーシキン系列の有名ゴージャスレストランで、コンフェクショナリー・カフェプーシキンのお隣。そこは美しい天井画ときらびやかな壁のレリーフ、ふかふかの椅子たち（座ってないけどね）。トゥーランドットは敷居が高くて食事をしたことはないのですが、その高貴な店の雰囲気を味わえるというおまけつきのコンフェクショナリー・カフェプーシキンは、ホントにおすすめです。

ついでに申し上げると、もう一つの要チェックのカフェ、カメルゲルスキー通りにある「カフェチェーホフ」。ここもレストランですが、カフェ使いもできますし、お食事もおいしい。内装もスタッフのユニフォームも乙女度の高いカフェです。

◀◀◀
どこかの宮殿かと見間違うようなコンフェクショナリー・カフェプーシキンの店内。ケーキも美しくおいしい。右下の写真は、レストランのカフェプーシキンのもの。ランチもあるので、こちらもおすすめ。

48　「赤の広場」の眺め

ロシア情勢を報じるニュースなどテレビでもよく出てくる、あの「赤の広場」。大統領府もあるクレムリンやカラフルな外観のワシリー寺院、グム百貨店などに面する、広いひろ～い広場です。「赤」というのは、共産の色というわけではなく、ロシア語の「美しい＝クラッシーヴァヤ」と「赤＝クラッシーナヤ」の語源が一緒で、「美しい広場」という意味のほうが強いのです。

ヴァスクレセンスキー門を入って、すぐの右にあるみやげもの屋も上物の民芸品があるので必ずチェックするし、グム百貨店にも行きたいので、もう20回以上は赤の広場に立ったことがあると思うとなんだか不思議です。

夏の赤の広場も好きですが、大きなヨールカ（クリスマスツリー、P147）にスケート場が用意された、冬の赤の広場が大好き。スケートリンクに入ったことがないけど、一度は滑ってみたいなと思っています。

49　ロシアの宝石箱「エルミタージュ美術館」

世界最大の所蔵作品数を誇り、日本でもその名を知られた「エルミタージュ美術館」。サンクトペテルブルクという昔の首都の町にあり、ネヴァ川近くの豪華な宮殿の中が美術館になっています。ロシアを訪れて、ここを訪れないわけにいかない場所で、その数々のすばらしい美術品を鑑賞するだけでなく、宮殿内のしつらえの美しさも堪能できる国立美術館です。

「黄金の間」や「孔雀の黄金の時計」だけでなく、どこを見てもキラッキラッで、目が眩《くら》みそうなほど。エルミタージュのコレクションは、政治的手腕もあり、派手好きなエカテリーナ２世がドイツの美術品を集めたのが最初で、その美意識の高さと強欲さに敬服しますし、後世にこれだけのものを残してくれたロシアの人々にも本当に感謝します。

ロシアの美術館はいつも小学生の見学の団体がいます。幼い頃からこんな素敵な芸術作品をたくさん観ることができるなんてホント羨ましい。またエルミタージュ美術館では、ネズミ退治のためにネコを飼っているというテレビの番組を以前見ていて、ネコがいるのかどうか気になっていました。冬に訪れたときは、まったく見なかったのですが、夏には何匹も人懐っこいネコたちを見かけることができました。

▶▶▶

エルミタージュ美術館を観るためだけに、サンクトペテルブルクへ足を運ぶ価値は大いにあり！　の素敵な場所。ゆっくり観ると一日かかるかも。ほかの美術館と同様、写真撮影はOK、フラッシュはNG。

50　「クスコヴォ」でプチ宮殿体験

モスクワの中心部から南東に10kmと少し離れていて、あまりガイドブックにも大きく取り上げられていないけど、趣があって感じの良い観光地「クスコヴォ」。訪れるには、地下鉄が近くまで走っていないので、トラムに乗り換え、その最寄り停留所から森林の中の道を徒歩20分と、ちょっと意気込んで行かないといけません。

ここはシェレメーチェフ伯爵という人が18世紀に建てた宮殿で、「モスクワの小ヴェルサイユ宮殿」といわれています。「小」というのがポイントで、そんなに大きくはありません。ロシアの宮殿を堪能するには、サンクトペテルブルクにある「ペテルゴフ」に行くのが、一番楽しめると思いますが、そこまで足を延ばせない方には、このクスコヴォでプチ宮殿体験をおすすめします。整えられた庭園と、豪華絢爛な宮殿。内部の結婚パーティーのスタイリングが、とってもかわいいんです。スィートな壁紙の部屋や、ベッドの素敵な子ども用の寝室などなど、かわいさでお腹いっぱいです。写真撮影もOK。ロシアの観光地でよく見かける光景として、ウエディングドレス・タキシードを着たカップルの記念撮影があります。そこで結婚式をしているわけでなく、いろんな観光地を回って記念撮影するのがお決まりのよう。クスコヴォでも絵になる風景が撮れるので、たくさんのカップルに出会いました。いろんなポーズのカップルたち、ちょっとおもしろい。

С Новым годом,
товарищи!

Ⅶ

聖なるラブリー

白鳥の小物入れ。何を入れるものなのかは、わからない。お菓子を入れるにはちいさいのでアクセサリー入れ？　でも教会に売っているのは、なぜかしら？

51　正教グッズ

正教とは「ロシア正教会」のことで、詳しくはわかりませんがキリスト教の一派です。この教会の敷地内に必ずある正教グッズ販売コーナー。日本でいうと仏具屋さんとか、神社の社務所のような感じ。もちろん信仰のために使うものが売られているのですが、日本の宗教グッズと趣が異なり、かわいいものがたくさん。そんな雑貨愛で正教グッズを買っては、バチが当たります？　いえいえ、神様はバチをお当てにならないと信じて、仏教徒の私は買いあさっています。一般的なイコン、十字架も素敵なものがありますが、写真のスワンのように何を入れるのかはわからない（このバチあたり！）小物入れもとても素敵で、ツボにはまります。

ロシア正教会の中には、ほぼ自由に入ることができる。正教グッズ売り場は、おおよそ入り口付近にあるが、外にある場合もあり。

52　お祈りスタイル

正教の場で、忘れてはならない「プラトーク」。ロシア正教会に参拝するときに女性が髪を隠すためにかぶるスカーフ。これもかわいいものがたくさんあります。そしてなぜか日用品やみやげものも置いているのが正教グッズ販売所の楽しいところ。ロシアのキリル文字のアルファベットの入ったハンカチもとっても素敵です。

教会の敷地に入るとき、女性はプラトーク（スカーフ）を頭に巻く。観光客は巻かなくても注意されることはない。

キリル文字の筆記体もかわいくて大好き。真ん中のハンカチに刺繍された文の意味は、「すべてうまくいきますように」という感じ。

クリスマスのオーナメントはかわいいものが多くてたくさんコレクションしている。これは半世紀以上前の紙でできたもの。それぞれの表情に胸キュン。

53　クリスマスとイースター

ロシアの冬は心底厳しくて、氷点下20℃は普通で、そんな中で息をすると胸が痛いという経験を初めてしました。冬のロシアは、ちょっと恐ろしい。でも12月のモスクワのクリスマスの飾りつけが素敵なので、毎年その時期になるとウズウズしてしまいます。

ロシアでは１年に３回もクリスマスを祝う日があり、最初は12月25日。世界の流れにならって現代の暦に合わせた日付でクリスマスを祝いますが、ロシアは旧暦のユリウス暦の影響が大きいので、この日はあまり重きを置いていない感じです。

次に12月31日〜１月１日。こっちは盛大なお祝いです。クリスマスツリーのような「ヨールカ」を飾り、家族でごちそうを囲み、新年を祝います。ヨールカの原形はクリスマスツリーですが、クリスマスを祝うというより、お正月の門松的存在。新年を迎えても飾ったままです。大晦日までにヨールカの下にプレゼントを置きます。子どもたちにプレゼントを持ってきてくれるのは、サンタクロースのような「ジェット・マロース」。訳すと「極寒爺さん」。サンタのようには優しくなくて、元々は魔法の杖で人々を凍らせていたそう。20世紀になって袋を持ってプレゼントを配るようになったらしいです。そして忘れてはいけないジェット・マロースの孫娘「スネグラーチカ」。春を連れて来る妖精で、とても優しいという設定です。２人は３頭の馬がつながれたソリ（トロイカ）でやって来るか、森を歩いてくるそうです。ここでも散歩好きのロシア人が表れていますね。

そして３回目は１月７日。ロシアの伝統的なロシア正教のクリスマスです。ロシア特有のユリウス暦のクリスマスを、グレゴリオ暦で数えなおすと、１月７日がキリストの誕生日。この日は国民の祭日で、ライトアップされた幻想的な街の中で、教会に礼拝に行きます。ユリウス暦の新年にあたる13日にはヨールカが片づけられ、いつもの街に戻ります。

古いクリスマスオーナメントを飾ったリース。これは薄いガラス製のもので、儚く美しいかわいさに胸キュン。

陶器のコールベル。大人っぽく繊細な絵つけがとても素敵。赤の広場のおみやげ屋さんで見つけた。

12月から1月初めにかけて、街はクリスマスムード一色になります。この時期の滞在は、とっても寒いが美しくてワクワクする。

ロシアの復活祭・イースターは、ユリウス暦に基づいているので、プロテスタントやローマカトリックとは違った日に行います。イースターエッグを用意するのはほかの国々と同じですが、特別なケーキを食べます。それが「パスハ」と「クリーチ」。パスハは、ピラミッド形をしたチーズケーキのような感じで、クリーチはカップケーキのようなもの。パスハをクリーチにつけて食べたりするようです。

右は私のカフェで催した「ロシア風イースター」のテーブル。パスハとクリーチを一緒に盛りつけて。

イースターのケーキ「パスハ」。指人形作家のターニャの娘、マーシャに教わったレシピを、私のカフェのスタッフがアレンジしました。パスハの作り方は、簡単。ぜひイースターに作ってみましょう。かわいく飾るのがロシア流です。

材料（作りやすい量）

カッテージチーズ

- 牛乳 400g
- レモン果汁 40g

板ゼラチン 5g

クリームチーズ 200g

グラニュー糖 40g

ヨーグルト 50g

乳清

（カッテージチーズを作るときに出たもの）40g

生クリーム 50g

作り方

① カッテージチーズを前日に作る。沸騰直前まで温めた牛乳にレモン果汁を加え、分離してきたら軽くかき混ぜる。しっかり分離するまでしばらく置く。

② ザルにペーパータオルを二重に敷いて、下に受け皿をし、①をこして一晩置く。ゼラチンを氷水でふやかしておく。

③ ボウルにやわらかくしたクリームチーズ、グラニュー糖、ヨーグルト、前日に作った②のカッテージチーズを入れ、泡立て器でクリーム状にする。

④ 鍋に②の受け皿に残った乳清を入れ、火にかける。温まったら②のゼラチンを絞って加え、よく混ぜ、溶かして火を止める。ザルでこしながら③に加える。

⑤ 生クリームを8分だてにし、④にさっくり混ぜる。型に入れ、冷蔵庫で冷やし固める。

丘の上から望む、セルギエフ・ポサードの至聖三者聖セルギイ大修道院。

54　聖地「セルギエフ・ポサード」

ロシアに行きたいと思った理由の一つに、タマネギ坊主のような屋根のロシア正教会を観てみたいというのがありました。その中でもどうしても観たかった教会が、セルギエフ・ポサードの「ウスペンスキー聖堂」とサンクトペテルブルクの「血の上の救世主教会」です。セルギエフ・ポサードの教会は、真っ青な屋根に金色の星が輝いています。なんてポップなのだろう、実物をぜひ観たいと思っていました。

セルギエフ・ポサードへは、モスクワから電車かバスで1時間以上かかりますが、この街からモスクワに通勤している人も多く、電車が頻繁にあるので、気軽に行けます。駅からはこのウスペンスキー聖堂を含む「至聖三者聖セルギイ大修道院」が見えていて、徒歩で15分ほどです。世界遺産にも登録されているこの大修道院にはたくさんの教会があるので、時間をとって回りたい場所です。奥の聖堂のお祈りの歌とろうそくの灯りがとても美しく、うっとりします。「泉の上の小聖堂」では、ここの湧き水のおかげで眼病が治ったという言い伝えがあり、多くの人々が水を汲みにやって来ます。

またこの街は、マトリョーシカの発祥の地といわれる場所の一つでもあるので、街の入り口には、ひらかたの菊人形を思わせる、花でデコレートされた大きなマトリョーシカがお出迎えをしてくれます。セルギエフ・ポサードには、マトリョーシカの作家だけでなく、いろんなアーティストが住んでいて、その地域の建物はとてもかわいいのです。

街の入り口でマトリョーシカの花人形がお出迎え。

55　「血の上の救世主教会」

モスクワからサプサン号（高速列車）で約4時間のサンクトペテルブルク。昔の首都だけあって、ロシアの京都的存在です。西欧の香りが漂う感じでモスクワよりおしゃれで品がいい感じ。サンクトペテルブルクを訪れたのは、血の上の救世主教会を観るため。私の「死ぬまでに観たい観光地ランキング」にも入っている、ロシア正教会の一つです。セルギエフ・ポサードの青い教会たち、赤の広場のワシリー寺院、そしてここ血の上の救世主教会。ちょっと上品な感じの色使いと、タマネギ屋根の金平糖がいっぱいくっついたような造作がとっても気に入っています。

ネフスキー大通り（メイン通り）から遠く見えるこの教会を初めて目にしたとき、テンションが上がり、中に入ってからも数々のイコンのモザイク画に度肝を抜かれました。中は狭いながらも壁から天井にびっしりキラキラと輝くモザイク画。本当にすばらしいのです。サンクトペテルブルクは、この教会のほかにも見所たっぷり。せっかくなら足を延ばされることをおすすめします。

◀◀◀
エルミタージュ美術館とセットで訪れたい、サンクトペテルブルクの名所。中のモザイク画がすばらしい。

平日でもたくさんの観光客が訪れる血の上の救世主教会。

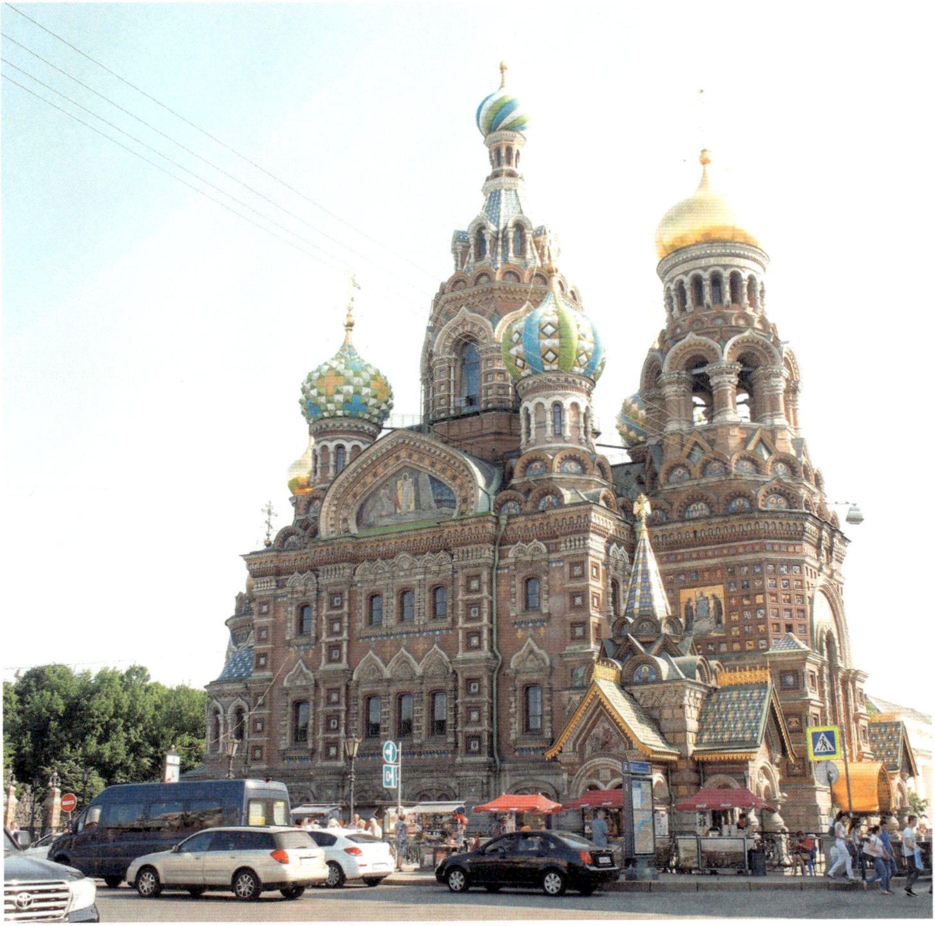

入り口の向かい側にはおみやげ市場もあり。ちょっと高いけどね。

あとがき

ロシアからの旅から戻っていつも思うのは、「とにかく楽しく毎日を過ごそう」ということです。ロシアの人たちは、ちいさなことにこだわらない「ニーチェーボー」主義。「ニーチェーボー」は、関西弁なら「ええねん、気にしな」くらいのニュアンス。「毎日楽しく暮らしたら、ええねん、細かいことは気にしないで」って感じ。

日本での私の暮らしは、自分のカフェで働きつつ、お客様のことスタッフのことをいつも頭のどこかに置いて、少しでも長く店を続けられるように経営しているのですが、どうしても考え方がギスギスしてしまうことがあります。自分でカフェをやるって、とても楽しいことのはずなのに。

先行きを考えすぎて、気持ちがマイナスになりそうなときに、引っぱり戻してくれるのが、「ニーチェーボー」なロシアの世界感。ロシアで買いつけした、ちょっとダサいけれどぬくもりのある雑貨を眺めて、広大な大地にどっかり構えて暮らす、あの人たちのことを思い出して、「人生いろいろあっても、今日は楽しくやろう」なんて気分がアガってくるのです。

そんな心なごむラブリーなものがいっぱいのロシアを、紹介できる本を作れることになってとても幸せです。こんな機会を与えてくださったWAVE出版の中村亜紀子さん、上品な本に仕上げてくださったデザイナーの大島依提亜さん、雑貨の写真をかわいく撮ってくださった加藤新作さん、粘り強くフォローし続けてくださったおおいしれいこさん、この本に携わってくださった皆さんに、大大大感謝です。

この本を手に取ってくださった皆様の毎日が楽しいものでありますように。

2014年7月　井岡 美保

井岡美保　MIHO IOKA

奈良在住。古い町並みの残る奈良町でカフェ「カナカナ」を夫と営む。かわいいものと旅への好奇心と探究心は尽きることなく、年数回ロシア・ヨーロッパを中心に雑貨ハンティングへ出かける。著書に『カナカナのかわいいロシアに出会う旅』(産業編集センター)、『はじめまして奈良』(ピエブックス) などがある。◇カナカナ kanakana.info/

ロシアと雑貨
ラブリーをさがす55の旅

2014年8月25日第1版第1刷発行

著者
井岡美保

発行者
玉越直人

発行所
WAVE出版
〒102-0074　東京都千代田区九段南4-7-15
TEL03-3261-3713　FAX03-3261-3823
振替00100-7-366376
info@wave-publishers.co.jp
http://www.wave-publishers.co.jp

印刷・製本
東京印書館

デザイン
大島依提亜

写真
加藤新作 (P5上, P8, P12〜P14, P17, P20, P21, P30, P32, P33, P35, P37, P38〜P43, P46〜P48, P51, P62〜P66, P79, P80, P84, P85, P87〜P89, P95, P108, P109, P120, P122, P123, P128〜P130, P142, P145, P146, P148, P149上)
井岡美保 (上記以外)

スタイリング・構成
おおいしれいこ

校正
大谷尚子

ISBN978-4-87290-687-5　NDC590 159P 21cm